펨브로크 가는 길

펨브로크 가는 길

초판 1쇄 발행 2025년 2월 28일

지은이 이태형
펴낸이 장현수
펴낸곳 메이킹북스
출판등록 제 2019-000010호

디자인 윤목화
편집 윤목화
교정 안지은
마케팅 김소형

주소 서울특별시 구로구 경인로 661, 핀포인트타워 912-914호
전화 02-2135-5086
팩스 02-2135-5087
이메일 making_books@naver.com
홈페이지 www.makingbooks.co.kr

ISBN 979-11-6791-678-5(03810)
값 9,000원

ⓒ 이태형 2025 Printed in Korea

잘못된 책은 구입하신 곳에서 바꾸어 드립니다.
이 책의 전부 또는 일부 내용을 재사용하려면 사전에 저작권자와 펴낸곳의 동의를 받아야 합니다.

홈페이지 바로가기

메이킹북스는 저자님의 소중한 투고 원고를 기다립니다.
출간에 대한 관심이 있으신 분은 making_books@naver.com로 보내 주세요.

펨브로크 가는 길

이태형 시집

메이킹북스

自序

시는 그대 마음속 풍경이란다

저 낯설고 외로운 거리를, 홀로 떠도는 방랑자의
낡은 구두에 차곡차곡 쌓이는 희부연 먼지들의 마음...
그 슬프고도 아픈 사연들이란다

그 시절 나는, 바람의 날개를 달고
세상 모든 경계를 뛰어넘어
텅 빈 하늘을 마음껏 떠도는 흰 구름,

그토록 높고 쓸쓸한 노래이고 싶었다

차례

自序

[제1부 속눈썹]

속울음 … 9
갈피리 … 10
나의 집 … 11
날개 1 … 12
날개 2 … 13
파리지앵(Parisien) … 14
물꼬잽이 … 15
발데브와(Val-des-Bois) 묘지 … 16
오솔길 … 17
웃음 … 18
수선화 1 … 19
수선화 2 … 20
자귀나무꽃 … 21
안개 … 22
달맞이꽃 … 23

[제2부 몬트리올의 거리]

사랑 노래 … 25
흔적 … 26
인생 … 27
속삭임 … 28
건봉사 종소리 … 29
구월의 잎새 … 30
몬트리올의 거리 … 32
서른셋 … 33

어느 날 … 35
고독 … 36
시월 … 37
생전에 만난 적 없는 이의 무덤 앞에서 … 38
아슬아슬한 지구 … 39
사랑 1 … 40
사랑 2 … 41

[제3부 새들의 곡조]
외로운 방 … 43
불면 … 44
당신은 침묵을 사랑했고 … 45
첫 키쓰에 바침 … 46
미스티크(Mistique) … 47
등불 … 48
빠스깔에게 … 49
첫눈 … 50
타향에서 … 51
방랑 … 53
풀여치 … 54
영혼의 집 … 55
펨브로크(Pembroke) 가는 길 … 56
바람의 길 … 57
길을 잃고 쓰는 시 … 58
소풍 … 60
유서 … 62

후기_시를 위한 변명 … 64

제1부

속눈섭

속울음

속울음 깊은 강은
늘 푸르네

새들은
흐르는 날개 속에
제 슬픔 감추는구나

보아라,
저기 저토록 글썽이는 눈매를

꽃들은 눈물을 삼키며
활짝 피어 있네

갈피리

바람에 흔들리는
갈대는 속이 없다

속없는 갈대를 꺾어
피리를 불면

갈피리 소리에
눈물이 난다

갈피리 소리는
애간장을 다 녹인다

나의 집

석가모니 맑은 웃음소리에
피어나는 연꽃 예수

짝을 찾은 비단구렁이가
사흘 낮밤을 뜨겁게 뒹굴고

머리에 작은 등불을 단
심해어도 한 마리 살고 있다네

벽도 울타리도 없으니
바람이 제집 넘나드는 듯

날개 1

간밤 꿈에 문득
금빛 날개를 보고

아침에 일어나 바퀴를 버린다

바퀴의 추억도 함께 버린다

바퀴의 역사,
바퀴의 중력까지도

날개 2

새들이
별빛에 젖으며
창공을 날 때에는
긴 부리 딱딱 부딪히며
죽을힘을 다해
날개를 저어 갑니다

그리고
절대로 돌아보지 않습니다

파리지앵(Parisien)

등에다
커다란 날개의 무늬를 새기고
파리지앵이 날아다니는 거리에는

어떤 이는 피리를 불고
어떤 이는 곡예를 하고
또 어떤 이는 구걸을 하나

가슴속에는 모두 하나같이
뜨거운 불새의 영혼이
숨 쉬고 있어

피의 제단에 세워진
고귀한 자유의 영혼탑은
언제든 거듭 부활하는 것이다

물꼬잽이

연못 가득 물이 차올라

간밤에 눈먼 소나기 지나갔나?

웅성거리는 물결마다
하얀 날개를 달아주고

그는 돌아와
기나긴 바다의 꿈에 잠깁니다

발데브와(Val-des-Bois) 묘지

산골마을 발데브와는
그 가슴 한가운데
보석처럼 아름다운 묘지를 품고 있답니다

무덤들은 한결같이
하얀 날개를 달고 있는데

가끔씩 동네 사람들이 찾아와서는
한참을 서성이다 돌아가기도 합니다

발데브와 산골마을에는
등 뒤에 천사 날개를 단
아름다운 사람들이 모여 살고 있답니다

오솔길

햇살이 반짝 웃자
푸른 손 흔드는 잎새

부드러운 바람이
솜털을 간질인다

두 팔을 날개처럼 펄럭이자
문득, 오솔길이
하늘 높이 솟아오른다

웃음

백만송이 꽃들이
한자리에 모여
일제히 까르르 꽃망울 터뜨리면

그게 바로 그대 웃음이지요
그대 향기랍니다

억만 겁 쌓아온 우리의 죄를
말끔히 씻어 내리는

수선화 1

물안개 피어나는 호숫가를 거닐다가
말하지 않는 말 한 마디 만났네

빙그레 웃길래
눈웃음 지어 주었네

검은 까마귀 쓸쓸히 공중을 맴돌고
호수는 꿈이 깊어 고즈녁한데

마알간 아침 이슬에
속눈썹이 젖었네

살며시 다가가서
젖은 속눈썹에 키쓰해 주었네

눈웃음 짓길래
빙그레 웃어 주었네

수선화 2

시카고 미술관 앞 화단에는
수선화가 가득 피어 있었는데

나는 자꾸 고개 돌려 외면하고
그리움만 저 혼자서
눈썹이 젖어와

꼭 감은 두 눈에 고여 드는
그리움의 이슬에만 비치는
신비한 꽃

자귀나무꽃

나의 뿌리를 적시며
마음속 깊이
그리운 강물이 흐릅니다

때로 강물은
줄기를 타고 올라와

아득히 높은
별에 닿기도 하지요

자귀나무에
꽃 피는 밤입니다

안개

당신이 침묵이라면
그 침묵을 사랑하겠습니다

당신이 푸른 강이라면
강물 되어 흐르겠습니다

당신이 높은 산이라면
맨발로라도 오르겠습니다

당신이 먼 나라의 신비한 이야기라면
귀 기울여 듣겠습니다

당신이 만약 길 없는 길이라면
당신을 따라 길을 잃겠습니다

달맞이꽃

교교한 달빛이 부서져 내리고
나뭇가지마다 하얀 서리꽃

시린 달빛 아래
달맞이꽃이

정사의 꿈을 꾸다
문득 꽃망울을 터뜨린다

몰랐니?
사랑은 저만치
미친 그리움

깊은 밤
은실 달빛 아래

달맞이꽃이
스스로 목을 맨다

제2부

몬트리올의 거리

사랑 노래

하늘이 슬며시 기울어져
반듯하던 수평선이 사선으로 흘러내릴 때

지구의 이마 위를 또박또박 걸어가던
해와 달의 발걸음이 갈지자로 헝클어질 때

최초의 혼돈이 비롯되고
두려운 마지막 밤이 얼비칠지라도

지진이 지구의 산과 바다를 바꾸어 버리듯
열정이 삶의 지도를 바꾸어 놓을 때

어둔 밤하늘에
반짝이는 별빛으로 그리움을 걸어놓고

마음속 펄펄 끓는 마그마들이
영혼의 보석이 되어 빛나고 있다

흔적

우리는 한때 누구나
아름다운 숲이었네

수풀 뒤에 숨은 검은 그림자였고
잎새에 이는 바람소리에
두 귀를 쫑긋 세우기도 하였다네

지금도 가끔씩 꺼내어
바람 앞에 펼쳐 놓으면

사자의 갈기처럼 휘날리는 것

우리는 누구나
삶의 한 편을
아름다운 숲에 걸어두고 있다네

인생

나침반 없는
항해라구?

아니면
여우가 삼켜버린 고슴도치

영원한 불시착
일 수도

종점에서
권태가 긴 하품을 드리운다

속삭임

여름이 저물어가는 수풀 속에는
싸르락 싸르락
풀벌레 울음소리

이별의 때가 다가왔어요

갈잎새들 달빛에 젖으며
스르륵 스르륵
한 잎 또 한 잎 무너져 내리는 소리

이별의 때가 다가왔어요

건봉사 종소리

불이문 지나
해탈문 넘어서면

가파른 언덕길

적멸보궁에 다다라
문설주에 가쁜 숨 기대인 채

그 소리를 들은 적이 있네

궁극을 때리는 소리

무궁 무궁 몸피를 부풀리며
허공이 삶을 이끄는 소리

구월의 잎새

어머니,
차창 밖 어디에선가
구수한 호박떡 굽는 냄새가 나요

호박은 노오랗게 익어서
밤하늘에 빛나는
샛노란 별이 되나요

천천히 계절이 여물어가요
햇살에 일렁이는 푸른 잎새들 틈 사이로
얼핏설핏 내어비치는 가을빛

가을엔 여행을 떠나랬지요
가고는 돌아오지 못할 먼 먼 길

속으로 고요히
살아온 날들을 갈무리해 가는
붉고도 노란빛의 여운

어머니,
구월의 잎새들 노랫소리에
저 홀로 씨앗들 궁글어가요

몬트리올의 거리

그는 눈봉사에다
두 다리가 없으나

그는 참
피리를 잘 분다

길모퉁이에 앉아서
숨이 끊어질 듯
피리를 부는데

나도 애간장이 다 녹아
울면서 길을 간다

서른셋

화살이 과녁을 뚫고 지나간 다음에야
하늘로 솟아오르건 땅으로 떨어지건
무슨 상관이어요?

신밧드의 신발을 빌려 신고선
지도에도 없는 새로운 세계를
찾아 나서고 싶어요

끝이 보이는 삶이란
곧, 죽음 아니겠어요?

수렁에 발을 담그면
마음의 뿌리가 시원해져요
수련의 아름다움을 닮고 싶었지요

이글거리는 태양에 꺾인 날개
추락해서 붉은 피로 물들인 바에야
얼비치는 그림자로 살아가도 좋아요

남아있는 모든 날들
그저 대지를 적시는 소낙비처럼

어느 날

바람이 분다
해 뜨는 곳에서 해 지는 쪽이다
바람이 불어가는 곳으로
걸어가고 있으나
모든 것이 확실하지 않다

모든 것이 확실하지 않다

고독

몬트리올 공원에
한 고독이 앉아있네

고독은 바람을 닮아서
어디로 불어갈지 모르고

때로,
혼자서 히죽히죽
웃기도 한다네

시월

몬트리올 공원의 살찐 비둘기는
사는 것이 시들하다

뒤뚱거리는 걸음마다
묻어나오는 지루함이라니!

어디선가 불어오는 바람에는
썩어가는 잎새들의 텁텁한 냄새

절망만큼이나 끔찍한 희망 따위!

게으른 햇살이
비칠 걸음으로 저물어 간다

생전에 만난 적 없는 이의 무덤 앞에서

나는 지금 여기
그대는 지금 거기

강 건너 외로이
마주 서 있지만

누 떼가 풀밭을 찾아
마라 강을 건너가듯

하얀 찔레꽃 덩굴이
구비구비
레테의 강을 건너간다

아슬아슬한 지구

잎새가 내릴 무렵
나의 지구가 점점 줄어들고 있다
축구공만 하던 것이
구슬만 해지고

나는 이내
깃털처럼 둥둥 떠다녀야 할 것이다

어쩌면 처음부터
그리운 잎새는 오지 않았는지도 모른다

사랑 1

십 리를 갔다가
이십 리를 돌아 나오는 길
내리는 비에 흠뻑 젖었네
폐병쟁이처럼
밭은 헛기침을 하며
날 저물어 닿은 강에는
건너갈 배가 보이지 않았네

사랑 2

왼손을 내밀어
부드럽게 당신을 그리워하는 일

더듬거리며 가는 길
노을에 기대어 부르는 노래

잠들지 못하는 밤마다
맹서하던 말

오, 나를 속이고는 살 수 없는 일
당신을 잃고는
살아도 살지 않는 일

제3부

새들의 곡조

외로운 방

　가만히 서서
　빈 벽을 바라볼 때

　(아마도 그 사내
　마음속에 잉잉거리는 날갯소리에
　귀 기울이는 듯…)

　스멀거리며 흐르던 공기가
　쓰윽, 살갗을 벤다

　향긋한 붉은 피 냄새

　외로움은
　면도날 같다

불면

비스듬히 누워
깊은 어둠 쪽으로

귀 기울이면
귀가 사라지고

눈짓 보내면
눈이 멀어지고

은밀한 속삭임들
흐물흐물해지는 시공의 벽

함초롬 꽃불인 양
아, 너는 어디에 있니?

당신은 침묵을 사랑했고

 수평선처럼 아득한
 당신의 침묵

 밤을 새워 등잔불 밝히며
 당신을 기다리다
 붉은 눈으로 맞이하는
 아침 해는

 내 눈물 살라먹고

 당신은 침묵을 사랑했고
 나는 당신을 사랑했고

 두려움에 실핏줄이 터지는 밤
 이울어 가는 꽃잎 아래
 나목처럼 나를 누인다

첫 키쓰에 바침

깊은 산골짝
달빛에 젖으며
솔바람에 익어가는
속살이 새하얀 으름*은

한 잎 베어 물면
사르르 입안이 천국을 이룬다는

그 향기가
천년 세월을 사른다는

당신과의
짧디짧았던
첫 키쓰

* 우리나라 중부 이남 지역에 주로 분포하는 야생 과일의 일종

미스티크(Mistique)

바람이
아기 숨소리처럼
고요히 잠이 드는 핑크레이크(Pink Lake)에는

잔잔한 갈대 머릿결
물 무늬 고운 살결
피어오르는 은은한 안개의 눈빛

다가갈 수 없는 당신
하지만
알아요

맑은 가슴을 열면
투명한 은빛 물고기 떼

등불

창밖으로 어둠이 둥지를 틀면
사립문 그늘 녘에
등불 하나 걸어줄래

떠도는 이의 발길은
찬 이슬에 젖어
그리움은 늘 어스름 달빛이란다

어둠 속에 방랑자가 길을 잃지 않도록
하얀 두 손 모아
등불 하나 밝혀줄래

빠스깔에게

    서른셋에는
    자살을 한다고?

    못난이 빠스깔

    몬트리올에서 뉴욕 가는 길
    내내 단풍이
    서럽게 울며 따라왔노라고

    바보 같은 빠스깔

첫눈

이른 아침
당신이 문득 창문을 열면
그때사 비로소 알게 되겠지요

얼마나 많은 그리움의 눈송이들이
당신의 창문을 두드리며
스러져 갔는지를

타향에서

먼 나라 낯설은 거리 위에 진눈깨비 흩날리고
마른 몸을 할퀴고 지나가는 날선 바람 맞으며
나는 정말 혼자임을 느껴요

파란 눈, 노란 머리의 사람들
곱슬머리, 검은 피부의 사람들
눈에 익은 것이라곤 맥도날드 가게뿐인 이 먼 나라에서
나는 정말 당신이 그리워요

가슴 깊이 묻어둔
추억의 사진 한 장 꺼내어 보면
당신은 따사로이 웃고 있군요

지치고 힘든 타향살이 흔들리는 발걸음 추스르며
사람은 무엇으로 사는가,
곰곰이 생각해 보면

뜨거운 피 돌고도는 심장 한 켠에
감추어둔 한 송이 꽃 같은 그리움으로
낯설고 먼 거리 위에서도
삶의 불꽃 타오른다 싶어요

진눈깨비 흩날리는 낯선 거리를
나뭇잎 배처럼 흐르며
당신이 무척이나 그리워요

타향에서

방랑

낯선 도시 맥도날드 창가에 앉아
슬픔을 끄적이다가

까닭 없이 바람이 불고
나는 또 길을 떠납니다

방랑자의 지도에는
지명이 없지요

지워진 길 위에
바람만 무성할 뿐

풀여치

염불처럼 중얼중얼
세상의 수다는 피어오르고

풀여치 한 마리
용수철 튀듯 풀쩍 튀어올라
먼 데로 날아간다

이제 곧 가을이 올 것이다

가벼운 차림으로
풀여치 따라 훌쩍
먼 여행의 첫 걸음을 내딛는다

영혼의 집

얼굴에 가득
외로움을 담고
낯선 거리 떠도는 이여

네 영혼은
바람의 집

슬프고
자유롭고
고단한

바람은
네 영혼의 집

펨브로크(Pembroke) 가는 길

낯설고 먼 펨브로크로
나는 가네

외로운 길 내내
왼손이 그리운 쪽에서
햇살이 따라왔네

모자를 비스듬히 기울여 쓰고
나는 웃었네
비트 강한 노래가 심장을 두드렸네

쓸쓸한 지도 위에
알지 못할 지명을 따랐을 뿐
아무도 기다려 줄 이 없었네

삐딱하게 모자를 기울여 쓰고
나는 지금
펨브로크로 가네

바람의 길

바람의 마술에
걸려본 적 있나요

가슴 가득
민들레 홀씨가 날아다닐 때

바람의 갈피에 삶을 섞으며
아픔과 슬픔의 깃털 떨구며

날지 않고는
숨 쉴 수 없는 날개

바람의 길을
따라가 본 적 있나요

길을 잃고 쓰는 시

음치들의 쓸쓸한 독백

흐르는 바람에 흔들리는 잎새

지새워 앉은 호숫가
물무늬에 아른거리는 결 고운 달빛 그림자

가만히 마음을 열고 들으면
새들의 곡조는 슬픔을 아는구나

심장을 훔쳐간 님의 고운 눈빛
오, 아픈 발자국을 쓸고 가는 바람아

버드나무 푸른 잎새 반짝이며 손 흔들 때
하늘길 따라 흐르는 날개여

눈을 감으면 그리운 옹달샘 녘
보랏빛 초롱방울꽃잎에 맺히는 이슬 방울

그토록 짧아서 설운 목숨아

끝내는 미처 다 부르지 못할 애련의 노래여

소풍

하늘이 참 맑고
푸르른 날

내 그리운 별나라로
돌아가고 싶어요

사랑은 멀고
눈물은 마를 날 없어

오래전 떠나온 별나라로
돌아가고 싶어요

지금껏 못 이룬 일
언제나 이룰까 싶고

하늘은 참 맑고
사랑은 멀어

돌아가고 싶어요
내 그리운 별나라로

유서

내 몸 죽어지거든
땅에 묻어 그냥 썩히지 말고
높은 산 바위 계곡에 놓아다오
공중에 빙빙 도는 배고픈 산까마귀
한 끼 맛있는 식사나 되면 좋으리라
살아생전에 세상 천지 떠돌 때
속 깊은 울음 함께 나눈 벗이었으니
검은 날개에 내 영혼을 실어
저승의 하늘을 유랑하고 싶구나
사는 일이 참 외롭고 쓸쓸한 일이었으니
산꼭대기 고요한 바위에 누워
내리는 맑은 가을 햇살에
못다 마른 내 슬픔의 뼈 말리고 싶구나
슬픔 많았던 짧은 한평생 숨을 놓거든
축축하고 어둠 많은 땅속에 묻지 말고
햇살 고운 산꼭대기 너른 바위 위에 얹어나 다오
영이나마 날개를 달고 싶구나
못다 말린 내 눈물 깨끗이 말리고 싶구나

후기_시를 위한 변명

  서른셋, 세상을 알고 싶었고
떠도는 발길 따라 새로운 세상이
내 안으로 쏟아져 들어올 때마다
마음속에는 바람이 거세게 불었다.

그 세찬 바람 속에서
마음이 닿는 대로 시를 써서
바느질 실로 한 편 또 한 편 묶어 두었으나,
부끄러움이 많아 세상에 내놓을 용기가 없었다.

세월이 흘러 물끄러미 바라다보니
내 안에서만 뒹굴며
먼지가 쌓여가는 시들이 불쌍하기도 하고,
내 마음도 세월 따라 쌓인 더께로
그만큼 뻔뻔해지기도 하여,

그래, 더 늦기 전에 세상으로 내보내자.
부끄러움은 내가 다 감당할 테니,

나의 서른셋이여,
세상 구경 잘하길 바란다.

첫 시집의 못나고 부족한 점이
다음 번에는 좀 나아지리라는
어설픈 약속으로 미지의 독자님들에게도
절을 올린다.

후기_시를 위한 변명